Buscando Vida y Encontrando Éxito

La Fuerza de La Cultura Latina en La Educación

Overcoming Adversity and Accomplishing Success
The Power of Culture in Education

Dr. Víctor Ríos

Jaime Carias

Si desea adquirir libros o programar charlas o conferencias, porfavor comuníquese con:

For multiple book orders or speaking engagements please contact:

Dr. Victor Rios: drrios@drvictorrios.com

Jaime Carias: jcarias@alumni.usc.edu

Si desea adquirir el libro para su uso personal, por favor visite alguno de estos sitios de internet:

Amazon.com, drvictorrios.com, collegesuccessservices.com, o jaimecarias.com

Gracias a mi familia por todo lo que me ha dado y me ha enseñado

-Dr. Víctor Ríos

Gracias a mis padres por su lucha, sacrificio, y por creer siempre en mí

-Jaime Carias

INDICE

Prefacio

Durante nuestras presentaciones y programas educacionales para jóvenes, los padres comúnmente nos dicen, "Muchachos, ¡qué bueno que hagan estas presentaciones! Pero, ¿cuándo van a escribir un libro para nosotros los padres, uno en español? Al pasar del tiempo nos hemos dado cuenta de que existe una gran necesidad de material informativo y motivador que está en el alcance y culturalmente relevante. Recursos para que los padres de familia puedan ayudar a preparar a sus hijos e hijas a tener éxito en la vida. Los padres necesitan tener acceso a información que los prepare para iniciar y mantener comunicación con sus hijos/as acerca de cómo tener éxito, dentro y fuera de las aulas.

En nuestras presentaciones para maestros y administradores siempre les recomendamos que hagan lo posible para que los padres se sientan bienvenidos y cómodos en los salones de clase. Pero, ¿también es necesario hacerles sentir bienvenidos y cómodos con los libros asignados y los planes de estudio establecidos?

Escribimos este libro porque estamos convencidos de que al dar a los padres información adecuada y correcta sobre cómo alcanzar el éxito educativo, les abrimos la posibilidad de participar plenamente en el proceso de auto-actualización de sus hijos/as.

Reflexionamos acerca de nuestra crianza en Oakland y Los Ángeles California, y en la participación de nuestros padres en nuestra vida académica, o bien, la falta de esta. Hubiésemos querido que nuestros padres tuvieran un libro como este para inspirarles y alimentar en ellos el deseo de involucrarse más en nuestra experiencia educativa, pero lamentablemente no fue así. Es por eso que decidimos escribir este libro. Esperamos que sirva para animar los padres a participar más proactivamente en la vida académica de sus hijos/as.

Como país y como comunidad tenemos mucho qué hacer por aumentar la intervención de los padres de familia en los sistemas educativos. Es importante comenzar por casa. Le retamos a que use las herramientas ofrecidas en este libro para que sea usted quien inicie el proceso de cambio, o que lo continúe si es que ya comenzó.

Nuestro país y nuestras comunidades necesitan una voz. Todos ustedes unidos pueden ser esa voz. Si todos ponemos nuestro granito de arena podemos mejorar el sistema educativo poco a poco. Los padres contribuyen significativamente a este movimiento social.

El mensaje con que les dejamos es: si usan la sabiduría de su cultura y conocen el sistema educativo de los Estados Unidos, no solamente van a dar capacidad a sus hijos y a sus familias, sino también a toda nuestra comunidad. Se caracteriza por "buscar vida y encontrar éxito."

1
"Ganas" No Tiene Traducción

La única cosa que les pido es tener ganas
–Jaime Escalante

Conocimos a Margarita Ramírez en una escuela secundaria en Long Beach, California, donde el doctor Ríos y Jaime facilitaron un plan de estudios sobre cómo fomentar la cultura de la asistencia a la universidad para los estudiantes y para sus padres. El profesor Ríos y Jaime decidieron llamarle a este plan de estudios una "Universidad para Padres y Alumnos", pues que ambos pueden de asistir simultáneamente a conferencias y talleres con un objetivo común: crean la cultura que informa a los padres del valor de una educación universitaria y muestra a los estudiantes lo mucho que se pueden beneficiar si se aplican y le echan ganas en la escuela.

Tanto maestros como administradores estaban muy emocionados de que conociéramos a Margarita. La razón: Margarita había participado exitosamente en la educación de sus hijos a pesar de ser madre soltera y tener que trabajar tiempo completo (ganando el salario mínimo). Cada uno de sus tres hijos sacaban excelentes calificaciones e iban rumbo a la universidad. Pero ¿cómo?

Margarita Ramírez es indocumentada, no estudio más allá de la preparatoria, y es empleada doméstica. Mantiene a sus hijos José de 14 años, Ángela de 16 y María de 17 con los 1.200 dólares que gana al mes.

Como su familia comparte un apartamento con otras familias, los cuatro duermen en el mismo cuarto, que contiene dos colchones de tamaño doble, tirados en el piso. El complejo de apartamentos en el que viven es viejo, desatendido, y plagado de crimen y violencia.

Margarita constantemente se preocupa por no tener suficiente dinero para comprar alimentos para sus hijos. Pero, como ella misma dice: "Los frijoles y tortillas son a veces lo que nos salva. Muchas noches es lo único que tenemos para cenar".

Sus hijos dependen de los almuerzos escolares gratuitos y de precio reducido. De lo contrario, en los veranos y los fines de semana, apenas y sobreviven con frijoles, arroz y tortillas.

Margarita es del estado de Guerrero, México. Llegó a los Estados Unidos con sus tres hijos hace más de una década, después de gran sufrimiento y de ser víctima de violencia doméstica. Aguanto el comportamiento de su esposo y también los condiciones de pobreza. Ella explica, "Yo sabía que estaba poniendo en riesgo mi vida y la vida de mis niños cruzando la frontera, pero mi ex ya nos estaba poniendo en riesgo a todos cuando se emborrachaba y llegaba tratando de lastimarme y amenazando con llevarse a los niños."

Con pocas opciones y pocas esperanzas, Margarita se fue al norte, como lo han hecho tantas personas. Acabó llegando a uno de los peores vecindarios de Long Beach, en California, donde muchas de las familias padecen pobreza y el desempleo es endémico. Debido a las condiciones de los barrios pobres como esta, muchos adolescentes se unen a pandillas y se escuchan disparos noche tras noche.

Margarita a menudo se preguntaba, ¿qué ira a ser de mis hijos? ¿Se convertirán en productos de su entorno? ¿Sufrirán igual que su madre? ¿Aguantarán hambre y estrés como para querer ir a la escuela o estudiar?

> "Cuando vine a este país yo estaba muy preocupada porque no sabía inglés y no sabía cómo le iba a hacer para ayudarlos. Llegaron a la secundaria y yo no sabía cómo ayudarlos con sus tareas, aunque yo también había ido a la secundaria. A pesar de que me gustaba mucho estudiar, al no poder entender inglés se me dificultaba ayudarles con sus tareas. No tengo mucho en la vida, pero todo lo que tengo es mi deseo de que mis hijos tenga éxito. Yo quiero que tengan la oportunidad de lograr lo que por desgracia yo no tuve oportunidad de hacer. "

Según su nivel de educación, el lugar donde vive, cuánto dinero gana, o mejor dicho, no gana; el futuro de Margarita y el de sus hijos parecieran estar destinados al fracaso.

A este punto, la mayoría de los lectores podrían pensar que esta es otra de tantas historias deprimentes sobre una familia de inmigrantes para quienes la búsqueda del "sueño americano" acabaría convirtiéndose en pesadilla.

Sin embargo, esta es una historia de éxito. Margarita es una madre excepcional. Participa activamente en actividades de liderazgo para padres en las escuelas de sus hijos, y es también una estudiante de la universidad comunitaria local. Aunque sus condiciones dictarían lo contrario, Margarita ha conseguido crear un plan de acción para que sus sueños de vivir un futuro mejor para ella y sus hijos se conviertan en una realidad. Se esfuerza por hacer que sus sueños y los de sus hijos se conviertan en realidad.

Más de una década después de haber llegado a los Estados Unidos, Margarita y su familia se están haciendo la lucha y prosperando en lo educativo. Pareciera que fuera su destino, pero no ha sido un camino fácil de andar.

María, su hija de 17 años de edad, va rumbo a la universidad, gracias a que en todas sus clases de los últimos dos años solo ha sacado calificaciones de grado A. También está inscrita en todas las clases avanzadas (AP, por sus siglas en inglés) y de honores. Participa en deportes y está inscrita en el programa pre-universitario Avanzando a Través de Determinación Individual (AVID, por sus siglas en inglés), que encamina a los estudiantes a la universidad.

Por más de 30 años AVID ha ayudado a muchos estudiantes de bajos ingresos cuyos padres no han asistido a la universidad, como María. El programa ha asistido en todo el país e internacionalmente a hacer sueños universitarios realidad.

María explica porque cree que le ha ido tan bien: "Mi madre ha hecho todo. La veo sufrir y salir adelante. La veo sobrevivir, y eso me motiva a, no sólo sobrevivir, sino a tener éxito y prosperar ".

Los dos hermanos menores de María, Ángela y José, constantemente reciben elogios y premios en la escuela por su excelencia académica. Ambos están en el programa de Educación para Estudiantes Talentosos y Dotados de Inteligencia Superior (GATE, por sus siglas en inglés). GATE es financiado por el Departamento de Educación de California (CDE, por sus siglas en inglés) para crear oportunidades únicas de aprendizaje para alumnos que han alcanzado altos niveles de aprovechamiento escolar.

Margarita explica lo que piensa de lo que ha hecho que sus hijos sean tan exitosos, a pesar de que todas las probabilidades estén contra ellos: son hijos de madre soltera, pobres, mal alimentados y apretujados en un cuarto en un vecindario con alta criminalidad.

> "Aprendí cómo apoyar a mis hijos cuando empecé a venir a un programa de escuela para padres. Al principio yo no tenía mucha fe en el programa, pero después de un tiempo, y creyendo en los maestros y demás personal escolar facilitando el programa, fui aprendiendo más. En el programa, hubo una conferencia donde aprendí que nosotros, los latinos, somos muy protectores de nuestros hijos. Sin embargo, cuando van a la escuela, esa protección termina. Prácticamente los abandonamos, y así me enteré de que yo podía ser una mamá voluntaria en la escuela, y así darme cuenta de cómo les iba yendo en la escuela. Empecé a participar en la escuela y empecé a participar en el programa para los padres. Aprendí mucho acerca de cómo involucrarme con mis hijos, a hablar con

ellos acerca de las drogas y las pandillas. En mi casa, mis hijos no tienen privacidad.

"No hay privacidad en mi casa. Estoy constantemente con ellos en la habitación. Voy entrando, '¿Por qué no tocas? ¿Por qué no me avisas? Ah, porque es mi casa y entro donde me da la gana, si quieren su privacidad cómprense su propia casa y allí si tendré que tocar y ustedes podrán tomar la decisión si dejarme entrar o no. Pero esta es mi casa, y voy a entrar a donde yo quiera.' Si quieren un teléfono celular, me tiene que ser entregado a las siete a más tardar, no hay necesidad de estar en el teléfono a las ocho, nueve, diez de la noche. Para mí un teléfono celular es para emergencias. En la escuela, 'Me voy a quedar hasta tarde, no tengo dinero, ven a recogerme,' para mí, para eso es un teléfono; no se debe utilizar para otras cosas."

"Yo siempre les digo que sí tienen un problema grande que acudan a mí, yo soy la más competente para ayudarlos. Soy su madre y me preocupo por lo que les ocurren a ellos. Me duele lo que les sucede. Si un maestro les está haciendo algo, no entendiéndoles o faltándoles al respeto. Ha habido algunas veces en que maestros han sido racistas. Yo me presento para reunir a los otros padres y encaramos a estos maestros que no entienden nuestros hijos. Tienen que cambiar su comportamiento o volveremos."

Margarita ha aprendido no sólo a ser una madre autoritativa (pero sin ser autoritaria) y a abogar en la escuela. , También aprendió a estar en sintonía con las emociones de sus hijos y a comunicares con ellos constantemente:

"En primer lugar, les digo que pueden contar conmigo. Una de las cosas que aprendí fue que si vienen a mí, y en lugar de escucharlos, les empiezo a gritar y les empiezo a echar la culpa, que ya no van a acudir a mí. Tengo que ser comprensiva con ellos. Una de las cosas que he aprendido de este programa es que cuando mi hija de diecisiete años de edad, viene a hablarme de algo que le está sucediendo, me tengo que volver a cuando yo tenía diecisiete años. Tengo que ser consciente de que lo que está haciendo, yo también lo estaba haciendo a su edad. Bueno, yo no puedo decirle, "¡No! No puedes tener novio!" Cuando yo sé que yo si tenía. No puedo decirle a mi hija que no porque sé que yo tenía novio a su edad, y eso es normal."

Cuando se le preguntó si cree que es posible que sus hijos asistan a la universidad y se conviertan en profesionales de éxito, Margarita responde:

"Sí, por supuesto, es posible. A pesar de que a veces mi hija ... Hace unas semanas, vino a mi llorando, diciéndome que ella nunca iba a poder ir a la universidad porque no tenía papeles . Le dije, "Está bien, si vas a poder ir a la universidad." Ella respondió: "Yo no voy a conseguir trabajo, ellos me van a pedir los papeles.", "Muy bien", le dije, "dime lo que quieres estudiar?" "Quiero ser arquitecta." "Muy bien, ¿cuánto tiempo te tomaría para llegar a ser arquitecta?" "Alrededor de cinco, seis años." "Está bien, y ¿sabes lo que va a ocurrir con las leyes en cinco, seis años? No sabemos, ¿cómo sabes que en un año, dos años, tres años, pasan el Dream Act? estarás allí. Y vas a estudiar hasta que pase ". Así que ya se puede imaginar cómo nos sentimos cuando el presidente Obama emitió la orden ejecutiva para iniciar la primera parte del Dream Act!"

Mucho ha cambiado desde cuando conversamos con Margarita y desde cuando ella habló con su hija. El 15 de junio de 2012, la Secretaría de Seguridad Nacional de los Estados Unidos anunció la ejecución de la Acción Diferida para los Llegados en la Infancia (DACA, por sus siglas en inglés). DACA permite a ciertos individuos, siempre y cuando satisfagan las directrices del gobierno federal, que llegaron a Estados Unidos cuando eran niños, una consideración de acción diferida por un período de dos años (sujeto a renovación) y la elegibilidad para la autorización de trabajo. El 20 de noviembre del 2014, el presidente Obama anunció la extensión del período de DACA, y autorización de trabajo, de dos años a tres años. Ahora los niños como los de Margarita, y muchos más en todo el país, tienen la esperanza y el camino para seguir una educación universitaria, iniciar su carrera, y convertirse en ciudadanos contribuyentes de este país. Tienen la posibilidad de hacer que el "sueño americano" sea una realidad para ellos y para las generaciones futuras.

Cuando se le pregunta qué consejos les podría dar a otros padres que están luchando por apoyar a sus hijos, Margarita responde:

> "No se desesperen. Sé que el camino es muy difícil, no es fácil, es muy difícil. Ahora es el momento de trabajar, en este momento, que el trabajo duro dará frutos en el futuro. Infórmense, porque hay muchos que creen que porque sus hijos no tienen documentos no podrán ir a

una universidad. Hay padres que conozco, que sus hijos han nacido aquí, y ellos los sacan de la escuela secundaria para trabajar. No te puedes imaginar lo mucho que me gustaría esa seguridad [la ciudadanía] para que mis hijas pudieran estudiar".

Los hijos de Margarita están teniendo éxito, no porque ella sea rica ni porque tenga los títulos educativos más elevados. Están teniendo éxito porque ella tiene "CLASE" (Comunicación, Liderazgo, Apoyo, Sensibilidad, y Emoción), es decir, las características asociadas con la crianza exitosa que hemos encontrado en años de investigación. CLASE complementa lo que los padres ya están haciendo. CLASE también ayuda a fomentar una cultura de mentalidad universitaria dentro del hogar. Si aplica CLASE en el trayecto educativo de sus hijos, verá una diferencia positiva progresiva. CLASE consta de cinco componentes:

Comunicación

La comunicación es un evento cotidiano donde los padres hacen tiempo para sentarse y ver qué está pasando con sus hijos. Ven cómo les fue en la escuela, cómo les va con la tarea, cuáles son próximos exámenes, excursiones u otras actividades escolares. Esto le permite mantenerse comprometido/a y le demuestra a sus hijos que usted estará allí para ellos. La hora de la cena suele ser un buen momento para hacer esto.

Liderazgo

El ejercicio del liderazgo sucede cuando los padres, aunque no tengan experiencia alguna de liderazgo, deciden asistir regularmente a las reuniones de padres de la escuela de sus hijos/as. Después de asistir, los padres toman un papel proactivo y ofrecen como voluntarios en posiciones de liderazgo dentro del grupo de padres. Esto les permitirá mantenerse informados de nuevos programas, reglas, o políticas que se estén implementando ya sea en la escuela o en el distrito. También les permite desarrollar alianzas y fomentar relaciones con los maestros de sus hijos/as, el personal escolar, y del distrito.

Apoyo

Apoyo se refiere al amor incondicional que los padres ofrecen a sus hijos/as, incluso durante los tiempos duros. Los padres pueden apoyar a sus hijos/as a través de la ayuda de profesionales en la escuela cuando ellos no puedan encontrar las respuestas por su cuenta. También se refiere al apoyo que los padres dan al diseño del plan académico de sus hijos/as en la escuela. Desafiando los resultados académicos cuando estos no estén a la altura de sus expectativas y felicitarlos cuando sus resultados académicos cumplan con sus expectativas, aunque permaneciendo siempre firmes.

Sensibilidad

Sensibilidad es la habilidad de constantemente reevaluar las prácticas de crianza. Haciéndose preguntas tales como: "¿Estoy haciendo lo correcto en gritarle a mi hijo/a o al abusar físicamente de ellos porque me siento frustrado/a?" Es importante a fin de cambiar las conductas negativas y construir relaciones más estrechas con nuestros hijos. También significa estar dispuestos a que sus hijos experimenten cosas nuevas en la escuela. Es probable que usted tenga el deseo de que sus hijos tomen un determinado curso o jueguen un determinado deporte. Sin embargo, este concepto se refiere a que debe permitirle a sus hijos desarrollar su propia identidad, carácter, y pasión.

Emoción

La emociones son centrales en la cultura latina. Somos buenos para expresar nuestros sentimientos a través del canto, la danza, la celebración, la oración, y la risa. Es importante ser receptivos a las emociones de nuestros hijos y escucharlos sin condiciones. Sin reaccionar exageradamente y sin ignorarlos cuando pensamos que se están expresando de la manera equivocada. También significa permitirle a sus hijos expresar sus pensamientos, sentimientos e ideas por escrito. Es importante enseñarles a los niños la capacidad y la manera de compartir su travesía por escrito, tanto dentro como fuera del aula. Esto será de vital importancia a la hora de llenar las solicitudes de entrada a los colegios o universidades, a través de la declaración personal y becas. ¿Qué adversidades han tenido que superar? ¿Cómo las han superado? ¿Por qué las han superado?

Este libro analiza estrategias probadas para criar estudiantes exitosos y también el valor que su participación como padre de familia tiene en el viaje educativo de sus hijos, desde una etapa temprana. En el mundo de los negocios a esto se le conoce como el retorno de la inversión, en un entorno educativo se llama "graduación". Para los padres, esto significa ver que sus hijos se gradúen de la preparatoria, se matriculan en la universidad, se gradúen, y que se conviertan en los profesionales que aspiran a convertirse.

Encontramos que CLASE es un componente central para el éxito. Lo que es más, creemos que CLASE ya es un importante componente de la cultura latina, que todas las familias tienen CLASE en sus corazones, en sus conversaciones, y en sus hogares.

Para entender CLASE y cómo perfeccionarla, cómo llevarla a cabo, cómo sacarle máximo provecho, para que podamos capacitarnos nosotros mismos, a nuestros hijos/as, nuestras comunidades, y a nuestra gente, tenemos que seguir caminando hacia adelante pero sin olvidar mirar hacia atrás.

Tenemos que tomar una mirada a los cimientos mismos de quienes somos como pueblo, un grupo de gente trabajadora que se esfuerza por sobrevivir, sin importar qué obstáculos o fronteras se atraviesen en nuestro camino. Lo hacemos todos los días en este país y lo seguiremos haciendo por las generaciones venideras.

Algunos de nosotros creemos en la idea de "buscar vida". Buscar vida es el proceso a través del cual la gente supera la adversidad, arreglándoselas con los pocos recursos disponibles con el fin de sobrevivir y prosperar. Si utilizamos esta idea dentro de nuestras escuelas y con nuestros niños, cuando, sin importar los obstáculos que encuentren, buscan una manera de sobrevivir y prosperar, tendremos más éxito en la creación de más latinos/as que sean estudiantes universitarios en los Estados Unidos. No tenemos que forzarnos a nosotros mismos a asimilarnos. Podemos y debemos estar orgullosos de nuestras raíces y de hecho podemos utilizar nuestra cultura para fortalecer nuestros caminos y la productividad académica de nuestros hijos/as.

Tenemos que apoyar a nuestros jóvenes y sus familias hoy, mañana, y siempre, proporcionándoles las herramientas prácticas que necesitan para tener éxito. Imagínese lo que sus hijos pueden lograr si decide unirse a ellos en su jornada educativa.

Lo que sigue a continuación son historias de lucha y el éxito que se pueden replicar si utilizamos algo de CLASE, "ganas", y continuando buscando vida. Le invitamos a unirse a nosotros en este viaje.

Preguntas para reflexionar:

1.) ¿Qué nos enseñan la historia de Margarita acerca del poder de la cultura latina y de las altas expectativas educativas?

_____

_____

_____

_____

_____

_____

_____

_____

_____

_____

_____

2.) ¿Cuál es la diferencia entre la asimilación a la cultura angloamericana y el apoyar a nuestros hijos a tener éxito en la universidad y convertirse en líderes en sus comunidades?

_____

_____

_____

_____

_____

_____

_____

_____

_____

_____

3.) ¿Está usted actualmente en una situación similar a la de Margarita? Si no es así, ¿conoce a alguien en esa situación? ¿Cómo se puede mantener la esperanza y no darse por vencido/a?

_____

_____

_____

_____

_____

_____

_____

_____

_____

_____

_____

4.) ¿Cómo pueden los niños tener éxito académico en un entorno como en el que los hijos de Margarita viven?

_____

_____

_____

_____

_____

_____

_____

_____

_____

_____

5.) ¿Qué está usted haciendo actualmente para ayudar a sus hijos/as a alcanzar el éxito académico? ¿Hay algo más que pudiera hacer? ¿Necesita ayuda?

_____

_____

_____

_____

_____

_____

_____

_____

_____

_____

6.) ¿Cuáles son sus esperanzas y aspiraciones para sus hijos/as?

_____

_____

_____

_____

_____

_____

_____

_____

_____

_____

7.) ¿Qué significa "Buscar Vida" para usted y su familia?

_____

_____

_____

_____

_____

_____

_____

_____

_____

_____

Revise los principios de CLASE. Discuta cómo ya apoya a sus hijos/as en cada una de estas áreas. Si no lo ha hecho hasta ahora, ¿cómo puede apoyarles en cada una de estas áreas en el futuro? Llene el siguiente cuadro.

Comunicación

Comunicación es un evento cotidiano donde los padres hacen tiempo para sentarse y hacer un "check-in" con sus hijos. La hora de la cena suele ser un buen momento para hacer esto.

_____

_____

_____

_____

_____

_____

_____

_____

_____

Liderazgo

Liderazgo sucede cuando los padres aunque puede ser que no
tengan experiencia alguna en posiciones liderazgo, deciden
asistir regularmente a las reuniones de padres de la escuela de su
hijos/as.

_____

_____

_____

_____

_____

_____

_____

_____

_____

_____

Apoyo

Apoyo se refiere al amor incondicional que los padres ofrecen a sus hijos, incluso durante los tiempos duros. Los padres pueden apoyar a sus hijos/as a través de la ayuda de profesionales en la escuela cuando ellos no puedan encontrar las respuestas por su cuenta

_____

_____

_____

_____

_____

_____

_____

_____

_____

_____

_____

Sensibilidad

Sensibilidad es la habilidad de constantemente reevaluar las prácticas de crianza. Haciéndose preguntas tales como: "¿Estoy haciendo lo correcto en gritarle a mi hijo/a o al abusar físicamente de ellos porque me siento frustrado/a?" es importante, a fin de cambiar las conductas negativas y construir relaciones más estrechas con nuestros hijos.

Emoción

La emociones son centrales en la cultura latina. Somos buenos para expresar nuestros sentimientos a través del canto, la danza, la celebración, la oración, y la risa. Es importante ser receptivos a las emociones de nuestros hijos y escucharlos sin condiciones. Sin reaccionar exageradamente y sin ignorarlos cuando pensamos que se están expresando de la manera equivocada.

_____

_____

_____

_____

_____

_____

_____

_____

_____

_____

2
Un Paso A La Vez

No hay nada como volver a un lugar que se mantiene sin cambi-os para encontrar las formas en que usted mismo ha alterado.
-Nelson Mandela

De adolescente el profesor Ríos se enfrentó a muchos obstáculos. Había abandonado la preparatoria, se había unido a una pandilla, e incluso había sido detenido y puesto en un centro de detención juvenil. Él no tenía futuro. Sin embargo, su madre comenzó a prestar atención a los consejos de sus maestros, aunque Víctor no estaba dispuesto a cambiar todavía. Ella asistía a las reuniones de la escuela, aunque él no se encontrara por ninguna parte. La mamá de Víctor, Raquel, visitaba a su maestros y asistía a las reuniones. Con el tiempo, Víctor encontró esto irónico, ¿cómo es que mi mamá está en la escuela y no yo? Con la ayuda de sus maestros y de su madre, Víctor regresó a la escuela y comenzó a tener éxito. Poniéndose al día en sus créditos con el tiempo, ¡e incluso aplicando a la universidad!

La lección aquí es: padres no pierdan la fe en sus hijos. La vida encuentra formas de desafiarnos pero cuando persistimos en la misma forma en que nuestra cultura nos enseña a sobrevivir, y nos esforzamos, podemos llegar a encontrar una manera de hacer una diferencia en el bienestar de nuestras familias. Nuestra cultura nos provee muchas lecciones de vida importantes y nosotros lo animamos a continuar enseñando estas lecciones de vida a sus hijos.

Cuando Víctor tenía once años le ayudaba a su tío Rubén a recoger botellas de vidrio para venderlas al centro de reciclaje. Su tío Rubén era dueño de una camioneta grande donde echaban las botellas de restaurantes y tiendas de licores locales. Un día, Víctor estaba ayudando a su tío y notó que su mano comenzaba a sangrar por haberse cortado con el vidrio de las botellas. La sangre le corría por sus brazos. Aterrorizado, Víctor dejo de echar botellas en la camioneta. Víctor vio a su tío Rubén seguir echando botellas en la camioneta, a pesar de que él también se había cortado y estaba sangrando profusamente. Su tío sabía que tenía que alimentar a su familia ese día y más botellas significaban poder ganar el dinero suficiente para poder hacerlo.

Asustado, Víctor se le quedo viendo a su tío. Su tío lo miró a los ojos y le dijo, "Mijo, estamos buscando vida. Estamos tratando de hacer algo de la nada, estamos sobreviviendo". Esta lección de vida le enseño a Víctor que no importa lo difícil que sean las cosas, tenemos que seguir echándole ganas. Víctor finalmente aprendió cómo aplicar esto en su educación y hoy es un galardonado autor y profesor—en gran parte gracias a la valentía que su madre y su familia, tal como su tío Rubén, le dieron.

Preguntas para reflexionar:

1.) ¿Qué barreras se han enfrentado y superado en el pasado para llegar a donde está ahora? ¿Hay alguna barrera que está enfrentando actualmente? Si es así, ¿cómo se puede superarlos?

_____

_____

_____

_____

_____

_____

_____

_____

_____

_____

_____

2.) ¿Alguna vez ha tenido que enfrentarse a sus miedos para alcanzar una meta? Si es así, ¿cómo le ha tocado enfrentar sus miedos?

_____

_____

_____

_____

_____

_____

_____

_____

_____

_____

3.) ¿Qué lecciones ha aprendido de su cultura? ¿Alguna de estas lecciones se traducen en las lecciones que se pueden enseñar a sus hijos?

_____

_____

_____

_____

_____

_____

_____

_____

_____

_____

_____

3
Comienza Por Casa

"Mi madre fue la influencia individual más importante en mi vida"
-Barack Obama

"Me crió una madre que me enseñó a creer en mí"
-Antonio Villaraigosa

"Jaime, no te estoy preguntando, te estoy diciendo, y se acabó la historia." Estas palabras se quedarían en la mente de Jaime para siempre, y ahora las comparte con miles de jóvenes, padres, y educadores.

Esta fría noche de otoño el profesor Ríos y Jaime se encuentran en el Valle de Coachella, una comunidad predominantemente agrícola donde se ven acres y acres de tierra cultivadas por nuestra gente. La mayoría de los latinos en Coachella Valley trabajan como peones de campo o trabajadores agrícolas durante el calor espantoso del verano y durante el frío estremecedor del invierno, cultivando lo que está en temporada.

Algunos llevan a sus hijos para que les ayuden en los campos y así generar ingresos adicionales para la familia. A muy pocas familias se les ha dado las herramientas necesarias para soñar y ver la educación universitaria como algo real para sus hijos. Muy pocos niños han estado expuestos a la vida fuera del Valle de Coachella como para la educación superior como su boleto para salir de su situación. Estamos comprometidos a cambiar esta realidad.

Tome la historia del actual miembro de la Casa de Representantes de los Estados Unidos Raúl Ruiz, MD. Él creció en estos mismos vecindarios entre una familia de trabajadores agrícolas, y pasó a obtener una licenciatura de la Universidad de California en Los Ángeles (UCLA) y tres títulos de postgrado. Sí, ¡tres! De la Universidad de Harvard. Así llegó a ser el primer latino en la historia de Harvard en hacerlo. Necesitamos más historias como ésta por todo el país.

El Programa de Educación para Estudiantes Migrantes (MEP, por sus siglas en inglés), de la Oficina de Educación del Condado de Riverside (RCOE, por sus siglas en inglés) invitaron a Jaime, al profesor Ríos, y a su equipo de colaboradores , a dirigir una conferencia para padres y universitarios. Esta oficina está comprometida a educar, motivar, y enseñar estrategias prácticas a los padres para que fomenten en casa la cultura de la asistencia a la universidad.

Padres e hijos asisten a talleres, escuchan conferencistas, y participan en actividades de liderazgo que enseñan el valor de trabajar en unidad para hacer que la educación superior se convierta en una realidad. El equipo se ha comprometido a enseñar a las familias sobre cómo hacer el cambio del dicho al hecho. Es decir, no solo que quieren que sus hijos se eduquen sino comprometerse a participar desde hoy en adelante hasta lograrlo.

Padres e hijos se ríen de inmediato, como si George López acabara de contar un chiste buenísimo. Ven a Jaime con asombro, como si dudaran de reírse. Sí, está bien, él se compromete a no enojarse. ¿Cómo va uno a enojarse?

El profesor Ríos y el resto del equipo se sientan en la parte trasera sonrientes y emocionados por lo que está por venir durante el resto de la conferencia. El profesor Ríos afirma que "es hermoso ver familias unidas, dispuestas a aprender y comprometerse, especialmente es este sitio, donde la mayoría cultivan en el calor infernal del desierto.

Después de las risas, Jaime les pide a los jóvenes que se sienten al lado de sus padres, "¿Cuántos de sus padres les han dicho alguna vez esto?" Todos los jóvenes miran a su alrededor, algunos sonrientes, otros sonrojándose, algunos nerviosos, y otros listos para saltar de sus asientos y decir: "¡Yo! ¡Yo! ¡Yo!" Luego les dice a los padres, "¿Cuántos de ustedes les han dicho esto alguna vez a sus hijos?" De repente tenemos una respuesta uniforme. No sorprende a Jaime ni al profesor Ríos. Levantan la mano.

Ese dicho nos une a todas las culturas. ¿Se lo ha repetido a sus hijos? ¿Dónde aprendió esta expresión?

Algunos padres miran a sus hijos con "esa mirada" que dice: "¿Ves? , te dije que tengo razón.

De hecho, los padres no se equivocan con ese dicho. ¿Cómo podría equivocarse al querer lo mejor para sus hijos?

Después de que Jaime concluye y los padres y estudiantes se separan en sesiones individuales, una madre joven se le acerca con su hija, que va en noveno grado: "Jaime, eso es lo que le digo a mi hija todo el tiempo, y lo hago porque quiero lo mejor para ella. La amo. Sé que no la puedo ayudar directamente, pero eso que estoy aquí hoy para demostrarle que me importa", a lo que Jaime responde: "Eso es exactamente lo que mi madre solía decirme cuando yo era niño".

Los padres no siempre se dan cuenta de cuánto inspiran, motivan y capacitan a sus hijos. ¿Cómo pueden los niños soñar si los padres han dejado de soñar? ¿Cómo pueden los niños luchar por sus sueños si sus padres no se toman el tiempo para enseñarles cómo luchar por ellos? ¿Cómo pueden los padres esperar que su hijos lean en casa, ya sea para la escuela o por gusto, si ellos ven a sus padres constantemente viendo la televisión, hablando por teléfono, o haciendo los mandados?

No estamos diciendo que ver la televisión, hablar por teléfono, tener más de un empleo, ir por el mandado, u otras cosas, sea algo innecesario. Pero, los niños/as imitan lo que ven en casa. Si ven a sus padres por lo menos ver un libro y tratar de leerlo, en español o su lengua materna, estarán más propensos a querer leer junto con ellos. Este concepto aplica en otros escenarios educativos.

Los padres son los héroes y modelos a seguir de sus hijos, y cuanto antes se den cuenta de esto, más rápido podrán ayudar a sus hijos a triunfar en la vida.

Desafortunadamente, algunos padres latinos creen que por falta de educación, la no hablar inglés, no comprender la cultura y el sistema educativo estadounidense, es muy poco lo que pueden hacer para ayudar a sus hijos a tener éxito. ¿Están equivocados estos padres? Por supuesto que sí, porque tienen muchas maneras de apoyar a sus hijos aun cuando los recursos económicos son escasos. Consciente o inconscientemente, usted hace muchas cosas en casa que inspiran y motivan a sus hijos a ser exitosos en lo personal, social, y académico. Si no lo cree esperamos que al finalizar este libro, pueda empezar. Al fin y al cabo esa es la única razón por la que eligió leer este libro.

Usted desea aprender de los demás, y, como la madre de Jaime diría, "eso está ok-ay!" Entre más pronto se dé usted cuenta de su potencial como padre, más pronto podrá ayudar a sus hijos con todas y cada una de sus necesidades.

Entre más pronto se dé cuenta de que usted es el HÉROE o HEROÍNA a quien acuden en busca de orientación, seguridad, comodidad, y confianza, más rápido sus hijos comenzarán a florecer y a alcanzar su máximo potencial.

Jaime sigue compartiendo con las familias presentes en la Universidad Para Padres y Estudiantes en el Valle de Coachella.

"Durante mi niñez yo tuve a ambos, un héroe y una heroína. Ninguno de los dos fue educado más allá del quinto grado, ni tuvo una carrera profesional, tampoco sabían hablar inglés ni entendían la cultura americana. Ambos habían emigrado de la pequeña nación centroamericana de Guatemala para que sus futuros hijos pudieran tener más y mejores oportunidades que las que ellos tuvieron. Ellos vinieron aquí "buscando vida" para ellos y su futura familia. Los dos trabajaban muy duro, haciendo lo que fuera necesario, tal como lo hacen ustedes actualmente, para darles a mis hermanos y a mí una mejor oportunidad de tener éxito en la vida; y mis héroes estaban dispuestos a sacrificar su propio futuro con el fin de que sus hijos tuvieran un futuro mejor. Ninguno de los dos nos proveían lo que necesitábamos con la esperanza de obtener una recompensa personal a futuro. Solamente le pedían a Dios que les concediera vida suficiente para poder ver a mis hermanos y a mi crecer y convertirnos en hombres y mujeres capaces de sostener una futura familia, al igual que muchos de ustedes desean hacer. Mi héroe y mi heroína trabajaron día y noche, derramando sudor y lágrimas, sin quejarse ni una sola vez de que su turno de trabajo fuera demasiado pesado o demasiado largo, sino más bien buscaban más formas de generar ingresos adicionales para pagar las cuentas y poner comida en la mesa. Mi héroe y mi heroína que se parecían a los aquí presentes esta noche, en esta conferencia sorprendente, organizada por el municipio, porque ustedes también trabajan duro para mantener a su familia, con la esperanza de que las cosas serán mejores en el futuro. Ustedes eligieron estar aquí esta noche. Podrían haber elegido quedarse en casa, descansar, y prepararse para el trabajo de mañana, pero no lo hicieron. Por esa razón se han ganado la admiración de nuestro equipo entero. Tenemos que difundir este mensaje a más familias por todo lo largo y lo ancho de los Estados Unidos ".

La experiencia de Jaime y del profesor Ríos con los padres muestra que muchos comparten esa misma visión, sin importar en qué parte del país se encuentren. Están dispuestos, al igual que usted lector, a hacer lo que sea necesario para que sus hijos salgan adelante.

Los héroes de Jaime no sabían o no se daban cuenta de su potencial. La heroína del profesor Ríos tampoco. Fue muy difícil para la mamá del profesor Ríos, una madre soltera, darse cuenta de su potencial. Consciente o inconscientemente, las acciones de los padres inspiraron y motivaron a Jaime y al profesor Ríos a tener éxito y alcanzar su máximo potencial. Su luchas se convirtieron también en las luchas de Jaime y de Víctor.

Desde muy temprana edad, los padres de Jaime le inculcaron la creencia de que eran ricos en familia, amor, y confianza, a pesar de las carencias materiales; la convicción de que todo iba a estar "ok-ay."

Con ese conocimiento hicieron milagros por aumentar su autoestima, confianza y tener una visión positiva para la vida de Jaime. Aunque no era fácil, los padres de Jaime no dejaban que sus hijos supieran. Hay algo acerca de nuestra cultura latina, que, incluso cuando las cosas están de lo peor, seguimos siendo optimistas y creyendo que un día las cosas van a mejorar.

Algunos padres son más hábiles para manejar el estrés. Nuestro mensaje para ustedes, es que encuentren un medio eficaz de controlar el estrés. Sus hijos ven todo, analizan todo, y sacan conclusiones de sus patrones de comportamiento y acciones. Busque ayuda externa de un consejero, de organizaciones sin fines de lucro, o de la escuela de sus hijos si siente que no puede más. Todo en la vida se enseña y se aprende, por lo que también se puede enseñar y aprender cómo manejar mejor las dificultades.

La madre de Jaime, ama de casa con una educación de quinto grado, era la "maestra" que le enseñó de primera mano cómo trabajar duro. Lo hizo de la única manera que ella sabe, llevándolo a limpiar las mansiones de los barrios ricos de Los Ángeles.

Sin embargo, fue su padre, sin educación formal, quien para Jaime fue el modelo más sólido. Su padre, recuerda al abuelo de Jaime diciéndole a los cinco años , cuando le preguntó a su padre porque no podía ir a la escuela, "mijo, los hombres de verdad trabajan; solo los hombres falsos van a la escuela," y llevárselo a cultivar café en el campo. Este incidente le dio al padre de Jaime la motivación, el deseo y la voluntad para asegurarse de que lo mismo nunca le pasaría a sus hijos.

Ustedes tienen sus propias historias de lucha, y es el momento de utilizarlas e inculcar el deseo de superarse y escribir sus propias historias de éxito. Los héroes de Jaime no se dieron cuenta de su propio potencial, y es a través de su historia de lucha y superación que Jaime espera inspirarles a ustedes. ¡Es hora de despertar y darse cuenta de su potencial!

Preguntas para reflexionar:

1.) ¿Qué significa el título del capítulo "Comienza Por Casa" para usted? ¿Está de acuerdo con los autores?

_____

_____

_____

_____

_____

_____

_____

_____

_____

_____

_____

2.) ¿Se considera como un héroe? ¿Por qué?

_____

_____

_____

_____

_____

_____

_____

_____

_____

_____

_____

_____

3.) ¿Cree que usted es la base para el éxito de sus hijos? ¿Por qué?

_____

_____

_____

_____

_____

_____

_____

_____

_____

_____

_____

4.) Como es este capítulo similar a su vida?

_____

_____

_____

_____

_____

_____

_____

_____

_____

_____

_____

4
No Desconozca Su Potencial

Nunca subestime el poder de los sueños y de la influencia del espíritu humano. Todos somos iguales en este concepto: el potencial para la grandeza vive dentro de cada uno de nosotros.
-Josephine Baker

Es temprano en la madrugada de lo que pareciera una noche interminable. Jaime siente que es tarde, pero no tiene ni idea de qué hora es. Sólo sabe que es demasiado tarde y no puede controlar sus bostezos y la sensación de cosquilleo en los ojos, de mirar fijamente a la pantalla de la computadora durante toda la noche.

Ha estado sentado en la mesa de la cocina toda la noche, ojeando periódicos, revistas, artículos y libros para terminar el proyecto final para su Maestría en Política Pública en la Escuela de Políticas Públicas Sol Price de la Universidad del Sur de California. El momento por fin ha llegado; Jaime puede verlo y sentirlo.

Es el último proyecto para alcanzar una meta que nunca hubiera pasado por su mente, o la de sus padres cuando tenía siete años. Jaime creció a dos millas al sur de la Universidad del Sur de California en el sur centro de Los Ángeles. Se recuerda que pasaba por la universidad en el autobús 81 o 204 con su madre. Iban a las prácticas de futbol con su padre. En ese momento USC representaba algo inimaginable, mucho menos posible. Diecisiete años más tarde lo inalcanzable e imposible se le hizo realidad y logro su reta de ganarse una Maestría de la universidad.

Escucha el rugir de la cafetera; el agua hervida y el café listo. Jaime se dice a sí mismo, este es el último café ¡no más! "Necesito dormir un poco. Voy a descansar y terminaré mañana ".

Hasta el día de hoy en día sus padres se niegan a comprar una cafetera nueva. Recurren a una vieja caldera de café que su mamá ha tenido desde que Jaime puede recordar. Usted tiene sus propias posesiones más valiosas en casa.

Son las 3:53 de la mañana, la puerta se abre lentamente, chillando como si estuviera pidiendo a gritos un poco de aceite para sus oxidadas bisagras, Jaime sabe que sólo puede haber una persona entrando tan tarde, y no se equivoca. Es su papá.

Viene en su uniforme de trabajo completamente blanco, con manchas de harina por todos lados. El uniforme se supone que debe ser de color blanco, pero después de años de trabajo y de lavado, es más amarillento que blanco. Como todas las noches, su desgastada lonchera de los "Dodgers" viene firmemente bajo su brazo. Desde que Jaime tiene uso de razón su papá siempre ha llevado almuerzo al trabajo. Así ahorra dinero para la familia. Ha sido otra larga y agotadora noche en el trabajo. Jaime lo ve exhausto, tanto mental como físicamente. Sin embargo, después de treinta años de trabajo haciendo el pan en el turno de noche, es "normal" que llegue a casa de madrugada.

Su padre le queda mirando, atónito, al ver que sigue despierto, rodeado de montones de papeles, esparcidos sobre la mesa de la cocina como una baraja desacomodada. Sorprendido, su le dice, "Mijo, ¿qué está haciendo tan noche? ¡Son las cuatro de la mañana! ¡Váyase a dormir!" Si usted viera a su hijo en altas horas de la noche usted reaccionaría de la misma manera; es natural.

El padre de Jaime lo ha visto despierto así de tarde en numerosas ocasiones, escribiendo ensayos, estudiando, y completando proyectos escolares, sin embargo, nunca le había dicho nada antes. Entonces "¿por qué en esta noche sí?" se pregunta Jaime.

Jaime levanta la vista y rápidamente responde: "Tengo que terminar este proyecto, la graduación es la próxima semana." Su padre se queda mirando lentamente el reloj, como para confirmar que no está viendo una ilusión, y responde: "Yo realmente no sé cómo le haces, mijo, cómo te puedes quedar hasta tan tarde mirando a la computadora, leyendo, y escribiendo. Realmente te admiro por hacer esto." Después, un momento de profundo silencio llena la casa; tal que se podían oír los grillos cantar fuera de la cocina.

Jaime le devuelve la mirada, incrédulo, sin saber qué responder o cómo responder si quiera; ¿qué podía posiblemente responder a eso? ¿Era Jaime un héroe por quedarse hasta tarde a completar un proyecto? ¿Cómo podría Jaime ser un héroe por el simple hecho de estudiar? Eso no puedo ser lo su papa quiso decir, concluyo Jaime.

Su padre se cambia rápidamente y se dirige a dormir. Finalmente, después de estar en el trabajo toda la noche, su padre puede finalmente decir "trabajo hecho" a las 4:12 de la madrugada.

Mientras su padre desaparece al fondo del pasillo, Jaime se pregunta, "¡¿es cierto que mi papá me acaba de decir que me admira por quedarme despierto hasta tan noche para hacer trabajo de la escuela… trabajo de la escuela!?"

Durante las carreras de Jaime y del profesor Ríos, muchos padres han compartido un tema similar con ellos.

"Jaime; profesor Ríos; si alguien me puede garantizar que mi hijo/a será exitoso/a, educado, trabajador/a profesional capaz de proveer para su futura familia, estoy dispuesto a sacrificarme el resto de mi vida, trabajando sin cesar, para que el sueño que tengo para ellos se convierta en un realidad". ¿Tiene usted actualmente este sueño o deseo? Si no, entonces ¿Cuál es su sueño o deseo para sus hijos?

Este es un tema común entre los padres latinos. Nuestra cultura nos ha inculcado los valores de la familia, el trabajo arduo, y el sacrificio. Al leer esto, queremos reflexionar sobre todas las cosas que tiene o estaría dispuesto a sacrificar por sus hijos.

Nuestros padres latinos están dispuestos a vivir sus sueños a través de sus hijos. El éxito de sus hijos es el objetivo final. No fue diferente para los héroes de Jaime o para la heroína del profesor Ríos.

Por otro lado, nos entristece oír a los padres latinos compartir estas opiniones con nosotros, porque esto nos dice que están sacrificando sus propios sueños y metas futuras. ¡Los padres también necesitan sus sueños! ¡Sus sueños y aspiraciones son importantes y merecen consideración! Si usted espera que sus hijos sueñen y alcancen sus metas, usted debe guiarlos con su ejemplo.

Lo desafiamos a planear para su futuro también y a que se pregunte a usted mismo: "¿Qué es lo que quiero para mi futuro?" Establecer metas inmediatas y a largo plazo para su propio futuro inspirará y motivará a sus hijos a hacer lo mismo. ¿Dónde se ve usted en cinco años? ¿Qué tal dentro de diez años? ¿Dónde espera usted que sus hijos están en cinco años? ¿Qué tal dentro de diez años?

Si usted espera y exige el éxito de sus hijos, la misma norma deberá también aplicarse a sí mismo. Si sus hijos ya están inspirados y motivados, esto les servirá de un empujoncito adicional para trabajar más duro. Si usted tiene un plan para su futuro, sus hijos se darán cuenta. Los niños ven todo y entienden hasta las cosas más sutiles, aunque a veces no lo parezca. Usted necesita alcanzar su potencial y darse cuenta de que usted es un superhéroe para sus hijos.

Jaime se sienta a la mesa de la cocina, agotado de tanto escribir. Listo para dejar de trabajar e irse a dormir. Reflexiona " ¡Wow! He estado en la universidad por los últimos siete años, he sido un estudiante por los pasados veinte años, en total, sin parar, y todo termina la próxima semana… ¿Y qué voy a hacer después?"

La conversación que acaba de tener con su padre está todavía en su mente. Intenta descifrar su significado, como un detective tratando de analizar la escena del crimen. Pero se da cuenta de que no hay nada qué interpretar.

Su padre estaba siendo su padre, el mismo padre que había sido desde el primer día. Estaba viviendo su sueño a través de su hijo mayor. El héroe de Jaime aún tenía que comprender plenamente su propio potencial.

Sin darse cuenta, su consejos iban motivando e inspirando a Jaime a tener éxito y a prosperar para alcanzar su máximo potencial. Jaime y su papá operaban en dos mundos completamente diferentes. Sin embargo, el padre de Jaime no dejó que esto se convirtiera en una barrera para comunicarle a Jaime lo mucho que él quería que tuviera éxito.

¿Cómo fue que el padre de Jaime pudo hacerlo? Lo hizo de la única manera que sabía, devaluándose a sí mismo para apreciar a Jaime. ¿Es esto correcto? ¡¡No, no lo es!! Estamos completamente en desacuerdo y nos entristece. Sin embargo, a Jaime no le sorprende esto dado que ha tenido tiempo para reflexionar sobre las miles de conversaciones que ha tenido con muchos padres de los Estados Unidos.

Todos ustedes, lectores, han hecho esto en algún momento. En el mundo del padre de Jaime, lo que estaba haciendo no era digno de reconocimiento, pero lo que su hijo estaba haciendo sí.

Jaime siempre se preguntaba, "¿Cómo lo hace mi papá? ¿Cómo ha podido trabajar el turno de noche durante los últimos treinta años sin quejarse ni una vez? Lo que yo hago es fácil, estudiar, pero lo que mi papá hace es admirable." Y es cierto, lo que ha hecho el padre de Jaime es de verdad admirable; y merece reconocimiento, y un diploma, y se debe considerar como un acto de heroísmo, al igual que lo que hacen ustedes por sus hijos.

Preguntas para reflexionar:

1.) ¿Cómo puede usted alcanzar su potencial?

_____

_____

_____

_____

_____

_____

_____

_____

_____

_____

_____

2.) ¿Cree usted que algunos padres no alcanzan su potencial?
¿Por qué?

_____

_____

_____

_____

_____

_____

_____

_____

_____

_____

_____

3.) ¿Se puede identificar usted con el padre o la madre de Jaime?
¿Por qué?

_____

_____

_____

_____

_____

_____

_____

_____

_____

_____

_____

_____

4.) ¿Cuál es su sueño para sí mismo como padre y para sus niños?

_____

_____

_____

_____

_____

_____

_____

_____

_____

_____

_____

5
Soñar en el Futuro

Dar ropa y comida a los niños es una cosa, pero es mucho más importante enseñarles que otras personas también son importantes, y que lo mejor que pueden hacer con sus vidas es usarlas en el servicio de otras personas.
-Dolores Huerta

Algunos de ustedes tienen la suerte de formar parte de un hogar que cuenta con los dos padres, mientras que otros son padres solteros. Si usted es un padre soltero, no deje que su situación dicte el futuro de sus hijos. Reflexione sobre la historia de Margarita que compartimos con usted al principio de este libro.

Criar hijos en los Estados Unidos hoy en día es una tarea difícil y se vuelve aún más difícil cuando uno no entiende la cultura o el idioma. Sin embargo, como padre, es su responsabilidad establecer las normas que regirán su casa. ¡Así como es el deber de sus hijos es desafiarlas y ver hasta dónde pueden doblarlas o romperlas! Porque, como dice el refrán, "solo eres niño una vez." Puede ser que sus hijos hoy no comprendan plenamente porque usted hace ciertas cosas, pero lo entenderán mañana.

Jaime nunca entendió bien las acciones de sus padres, en concreto, las acciones de su madre cuando era niño. Ahora como adulto, las entiende bien y está agradecido por todo lo que su madre hizo por él.

Los padres tienen que encontrar una manera alentadora de criar a sus hijos, como se mencionó anteriormente, de manera autoritativa pero sin ser autoritarios. Deben ser estrictos y tener la última palabra en todas las decisiones, sin abandonar la capacidad de construir una base sólida para el éxito. Lo que nos gusta llamar "el equilibrio".

El éxito no es un hecho, ni viene fácil. Como nos gusta decir, "el éxito no va a venir a tocar a la puerta," y, "cree en ti mismo y lograrás lo imposible." Esto es muy cierto en nuestro caso, y para muchos de ustedes. Usted, como padre, también puede lograr el éxito, y si cree en usted mismo, ¡Usted también puede lograr lo imposible!

Cuando era niño, Jaime nunca pensó que estaría donde hoy está. Su madre dice que siempre vio algo especial en él que le hizo creer que lo iba a lograr. Tal vez fue su confianza y fe en Jaime lo que la llevó a criar a sus hijos equilibradamente. Tal vez fue su carácter que no le permitió utilizar el trabajo, los problemas personales, o los desafíos de la vida como excusas para no apoyar a sus hijos en sus esfuerzos personales. Tal vez fue que le inculcó a sus hijos el orgullo del latino: que la lucha puede convertirse en éxito, si uno está dispuesto a trabajar duro. Podemos utilizar nuestra cultura para capacitarnos en la escuela, la vida, nuestras familias y nuestras carreras.

Un ama de casa de toda la vida, en los salones de belleza de celebridades y familias ricas, desde su llegada a los Estados Unidos, la madre de Jaime sabía una cosa por seguro: No quería el mismo futuro para sus hijos. Quería que sus hijos tuvieran mejores oportunidades en la vida que las que ella tuvo, y, en última instancia, que sus hijos fueran pudieran ofrecerles mejores oportunidades a sus futuros hijos. ¿Qué quiere usted para sus hijos? ¿Desea usted lo mismo que la madre de Jaime? Si no, ¿Qué es lo que desea usted como madre o padre?

Como Jaime era el mayor, siempre tuvo la responsabilidad de acompañar a su madre en una de las muchas "aventuras" que ella emprendía. Algunas eran agradables, otras no tanto. Algunas las entendía, otras lo dejaban con perplejo. muchas preguntas. En ese momento, nada tenía sentido para él, pero hoy sí que lo tiene.

Para hacer las cosas más interesantes, la madre de Jaime no sabía manejar. Entonces, ¿cómo iban a ir del sur centro de Los Ángeles, a Beverly Hills a trabajar? Bueno, por supuesto, utilizaron el transporte público, o lo que Jaime llamó desde temprana edad, la "limusina pública".

Jaime ahora comparte con el público que él se subió a su primera limusina a la edad de cinco años. No a una de las muy caras y de lujo, sino una de las públicas, un autobús. Las líneas 81, 204, y 354 del autoridad metropolitana de transporte del condado de Los Ángeles (MTA, por sus siglas en inglés) eran las más comunes. A la edad de diez años, Jaime ya conocía bien las líneas de transporte público de la ciudad de Los Ángeles. Estas aventuras fueron muy interesantes, y, como se dice en el eslogan utilizado en los anuncios de MasterCard, se trataba de aventuras "que no tenían precio," con su madre. Aventuras que en gran medida influyeron a Jaime para convertirse en el hombre que es hoy.

La madre de Jaime pensó que no tenía mucho que ofrecer para ayudar a su éxito educativo en Estados Unidos. El recuerda regresar a casa de la escuela un día en el tercer grado, y escuchar a su madre tristemente decirle que ella ya no podría ayudarle con su tarea de matemáticas. Este fue el único tema en el que la madre de Jaime le ayudaba desde que estaba en el kínder. Las tareas se empezaban a poner cada vez más difíciles. La madre de Jaime nunca había aprendido como resolver fracciones complicadas, divisiones, o multiplicaciones. ¿Alguna vez ha estado usted en una situación similar con su hijo? Como resultado, la madre de Jaime creía que su contribución al desarrollo académico y personal de Jaime sería mínima de ahí en adelante.

Jaime dice con orgullo que su madre estaba equivocada. Sin siquiera saberlo, la mamá de Jaime era su heroína. Ella estaba ayudando a Jaime con su desarrollo académico y personal, de una manera que ella no se daba cuenta.

Muchos de ustedes probablemente han sentido, sienten, o se sentirán algo similar con sus propios hijos. No piensen nunca que ustedes no pueden apoyar el rendimiento académico de sus hijos, su crecimiento personal, y su desarrollo social solo por carecer de riquezas, lenguaje, o el conocimiento de la cultura estadounidense. Su cultura, idioma, y recursos serán el fundamento de los sueños de sus hijos, al igual que lo hicimos nosotros con nuestros padres.

Al crecer, Jaime describiría a su madre con una sola palabra: "buscavida", no con la connotación negativa que la palabra lleva, sino positivamente. Su madre hizo lo que tenía que hacer para proporcionarle a Jaime y a sus hermanos mejores oportunidades de las que ella tuvo.

Los trabajos y "jales" a los que la madre de Jaime se dedicó variaban de la venta de tamales, limpieza de casas, trabajo en salones de belleza, limpieza de oficinas a recoger latas, sólo por nombrar algunos. En todos sus trabajos, Jaime desempeñó un papel significativo (excepto por trabajar en salones de belleza, porque era muy joven para trabajar legalmente en un lugar público). Trabajar junto a su madre le enseñó la disciplina que se requiere para tener éxito en la vida, pero aún más importante le dio a su madre la oportunidad de darle a Jaime lo que ella pensaba que no podía: la oportunidad de plantar la semillita que motivaría a Jaime a convertirse en un hombre de éxito. ¿Cómo cree que usted pueda dar esa motivación en su hijo o hija?

Además, el trabajo de su madre como ama de llaves expuso a Jaime a un mundo que de otro modo nunca hubiese conocido. Acompañó a su mamá a limpiar casas en Beverly Hills, Bel Air, y Westwood. Siempre le sorprendía ver que estas casas eran tan diferentes a las que él veía vecindario. No tenían puertas de acero, ni rejas en las ventanas. Las adornaban verdes jardines y la gente podía correr en la calle con sus pequeños perros peludos. Todo parecía tan tranquilo y tan hermoso.

Jaime se preguntaba, "¿Por qué no puedo yo tener esto? ¿Por qué no pueden mis padres vivir así? ¿Por qué el sur centro de Los Ángeles no se ve así? Por qué yo no puedo hacer lo que hacen estas personas? ¿La gente realmente puede vivir así? ¿Cómo puedo ser yo como estas personas en el futuro?" Eventualmente, ya de adulto y en la universidad, encontró las respuestas a estas y otras preguntas.

Preguntas para reflexionar:

1.) ¿Cómo puede usted ayudar a sus hijos/as a establecer metas a corto y a largo plazo?

_____

_____

_____

_____

_____

_____

_____

_____

_____

_____

2.) ¿Qué significa "el equilibrio" para usted? ¿Está de acuerdo o en desacuerdo con los autores?

_____

_____

_____

_____

_____

_____

_____

_____

_____

_____

_____

_____

3.) ¿Ha estado en una situación similar a la de Jaime y su madre con sus propios hijos? ¿Qué le ha enseñado esto? ¿Qué cree usted que esto le puede enseñar a sus hijos?

_____

_____

_____

_____

_____

_____

_____

_____

_____

_____

_____

6
Usted Es La Solución

*Aunque crecí en muy modestas y desafiantes circunstancias, considero
que mi vida es inconmensurablemente rica
-Sonia Sotomayor*

A veces los padres piensan que no pueden dar motivar a sus hijos
para que tengan éxito en la vida. Sacan esa conclusión por la falta
de la idioma Inglés, formación académica, tener que trabajar de-
masiadas horas, no poder comunicarse con los maestros de sus
hijos, y porque siente que la tecnología los dejó atrás.

Además, tal vez usted no entiende el "estilo" de sus hijos, su forma
de vestir, la música que escuchan, o, simplemente, "lo que está de
moda". Todas estas razones suenan como excusas perfectamente
legítimas para explicar porque usted no puede empujar a sus hijos al éxito. Sin embargo, eso es exactamente lo que son: ¡excusas!

Esto no quiere decir que no estén en situaciones que dificultan
su plena dedicación a sus hijos en cada área que hemos resalta-
do. Estamos plenamente conscientes de esto. Si este es su caso,

le recomendamos que se enfoque en una o dos áreas y vaya progresando. A los demás, que puedan centrarse en más de un par de áreas, los retamos a que den su 110% a el futuro de sus hijos. Muchos padres queremos ver a nuestros hijos crecer y convertirse en hombres y mujeres de éxito. Creemos que se trata de un deseo que cada padre tiene para sus hijos. Durante este proceso usted se convertirá en su superhéroe, y pondrá el cimiento sobre el cual construirán el edificio de su propio éxito.

Como padre de familia, usted juega un papel muy importante al determinar cuán exitoso serán sus hijos. ¡Es hora de despertar! Es hora de que empecemos a trabajar más de cerca, en equipo. Para avanzar, tenemos que compartir con los demás qué hacemos que resulta efectivo al ayudar a nuestros jóvenes a alcanzar sus metas y cumplir sus sueños. ¡En el proceso, usted también podrá hacer realidad los suyos. ¡Porque sus propios sueños y metas también son importantes! Esperamos que un día usted pueda escribir su propia historia de lucha y de éxito con sus hijos.

Todo comienza con la educación. Usted trabaja muy duro para que sus hijos puedan tener una mejor oportunidad de tener un futuro prometedor. Es hora de tomar todo ese esfuerzo que usted ha dedicado al trabajo, y hacer lo mismo con la formación de sus niños.

Los héroes de Jaime lo formaron en el joven profesional que es hoy. Él comparte con el público lo orgulloso que se siente de ser el producto de su héroe y heroína. Ustedes son los héroes y heroínas de sus propios hijos. ¡Son sus superhéroes! Ustedes son a los que ellos acuden en búsqueda de consejos. Usted puede cimentar en sus hijos bases sólida que ningún libro puede hacer. Jaime compartió con ustedes historias personales sobre cómo sus héroes lo motivaron a luchar por el éxito. Ahora los desafiamos a que ustedes hagan lo mismo.

Preguntas para reflexionar:

1.) ¿Cómo planea usted mostrar a sus hijos que usted desea que tengan éxito?

_____

_____

_____

_____

_____

_____

_____

_____

_____

_____

_____

2.) ¿Qué "creación" es la que quiere usted hacer de sus hijos?

_____

_____

_____

_____

_____

_____

_____

_____

_____

_____

_____

3.) ¿Qué significa el título del capítulo "Usted es la solución", para usted? ¿Está de acuerdo? ¿Por qué?

_____

_____

_____

_____

_____

_____

_____

_____

_____

_____

_____

7
Hagamos Trocha

Dale a un hombre un pescado y lo alimentarás por un día.
Enséñale a pescar y lo alimentarás toda la vida.
-Proverbio Chino

¡Qué gran proverbio chino para describir el valor de la enseñanza y el aprendizaje en la vida! Cada día trae una nueva oportunidad de aprender. Los padres tienen el deber de enseñar a sus hijos a "pescar," para que puedan crear sus propias oportunidades de crecimiento en el futuro.

En general, esa es la razón principal por la que los padres se sacrifican tanto. Como dice el padre de Jaime, y como muchos padres, "Mijo, si yo hubiera tenido la oportunidad de estudiar y convertirme en un profesional, créeme que la hubiera tomado. ¿Quién sabe? Tal vez me hubiera convertido en un arquitecto o ingeniero, pero nunca tuve la oportunidad, aunque estoy agradecido con la vida por habernos permitido conocernos, tu ahora si tienes esa oportunidad y si no tomas ventaja de ella no podrás culpar a nadie más que a ti mismo."

Pero, ¿cómo pueden los padres preparar a sus hijos para "pescar" los mejores oportunidades posible? ¿Es suerte, o pueden los padres crear su propia suerte? ¿Creen los padres en la suerte? ¿Cómo pueden los padres preparar a sus hijos para prosperar y crear mejores oportunidades para su futuro y el de sus propias familias?

CLASE es una herramienta para promover la excelencia en la educación. Todos los jóvenes merecen tener la oportunidad de alcanzar sus metas sin importar el código postal en el que crecieron. Comunicación, Liderazgo, Apoyo, Sensibilidad, y Emoción (CLASE) puede ser el cimiento que ponen los padres para el éxito de sus hijos.

Es una herramienta que los padres pueden utilizar para motivar y mejorar los deseos de aprendizaje de sus hijos. Muchos padres ya practican algunos, o todos de los principios de CLASE. Algunos padres lo demuestran más que otros. Dicen: "Yo ya hago eso con mis hijos y todavía no están teniendo éxito. ¿Por qué no está funcionando? ¿Qué más puedo hacer?" Les pedimos que reflexionen sobre las muchas veces que ellos se enfrentaron a un obstáculo y no lo pudieron superar en los primeros intentos. El éxito y el cambio no ocurren de la noche a la mañana.

Los padres de Jaime y de Víctor utilizaron, inconscientemente, los principios del modelo CLASE para criarlos. En retrospectiva, sus padres no tenían idea de lo que eran los principios de CLASE y mucho menos de que los estaban utilizando para preparar el camino para crear oportunidades para sus hijos en el futuro. A menudo las familias latinas de bajos ingresos creen que sus manos están atadas. ¿Y cómo es posible que no crean esto? ¿Podríamos culparlos?

Reflexionemos en los muchos obstáculos a las familias con pocos ingresos se enfrentan en este país: trabajan más de cuarenta horas a la semana, lo que ganan con suerte les alcanza para la semana, no comprenden plenamente la cultura estadounidense y creen que asimilarse a ella es la única manera de tener éxito en este país. Además, muchos no hablan inglés y carecen de los conocimientos teóricos y prácticos necesarios para ayudar a sus hijos a sobresalir en la escuela. ¡La receta perfecta para el desastre! Los formuladores de políticas en materia de educación son dados a juzgar, estereotipar, y etiquetar a las familias y estudiantes de origen latino sin entender completamente lo que pasa en la imagen en casa. Los tildan, entre otros, de "perezosos, indiferentes, alcohólicos, y poco inteligente."

Se necesitan más formuladores de políticas y líderes en materia educativa de buen corazón y mente. Necesitamos líderes que comprendan los problemas a los que las familias y los estudiantes latinos se enfrentan en este país. Es por eso que es importante que los padres sigan los principios de CLASE. Los padres, con o sin educación formal, pueden ayudar a sus hijos a navegar por el camino educativo del siglo veintiuno y crear lideres con el poder de nuestra cultura.

En nuestros años de investigación, CLASE ha demostrado una y otra vez jugar un papel importante en ayudar a los padres a criar hijos que tengan éxito, tanto dentro como fuera del aula. Se empieza por casa.

Si los padres preparan el camino para sus hijos, predicando con el ejemplo, ellos los seguirán. Si los padres preparan el camino para el éxito de sus hijos, ellos van a tener éxito. Si los padres preparan el terreno para alcanzar las metas personales, académicas, y profesionales de sus hijos, ellos tendrán una mejor oportunidad de llegar a ellas.

Juntos, padres e hijos, uniendo fuerzas y trabajando en equipo, pueden ser exitosos. Es así que necesitan operar. El objetivo es que los padres y sus hijos alcancen sus sueños, aspiraciones y metas. ¡Sí Se Puede!

Los padres de Jaime comunicaron con él diariamente. Esto fue importante para comprender y concientizarse de lo que estaba pasando con el joven Jaime, para estar al tanto de su avances de en la escuela; para saber de sus amistades y actividades dentro y fuera de la escuela y explicarle las consecuencias de las malas decisiones en la vida.

La comunicación no siempre es perfecta, ni existe una fórmula clara o concisa. Más bien, es un vehículo para forjar confianza, intimidad y establecer metas a corto y largo plazo. Incluso hoy entre adultos, la comunicación sigue siendo la vía por la que se mantienen conectados. Como adultos, es más fácil estar en desacuerdo. La línea de comunicación establecida a temprana edad permitió que intervinieran intervenir cuando las cosas iban mal o cuando percibían que algo no andaba bien. Los padres tienden a tener ese sexto sentido de saber cuándo algo no anda bien con sus hijos.

La comunicación fue también lo que le permitió a Jaime comprender porque sus padres hicieron ciertas cosas o dejaron de hacer otras. La barrera del idioma fue un gran obstáculo para la comunicación, porque la comunicación siempre era en español. Cuando los maestros querían comunicarse con los padres de Jaime, él siempre les tenía que servir de traductor incluso cuando lo que tuviera que traducir fueran informes negativos sobre su conducta o progreso académico. Pero eso resulto en que confiaran más entre sí.

La comunicación con sus padres fue muy importante para Jaime durante su infancia. De hecho, el cree que la comunicación con sus padres fue una de las principales razones, sino la principal razón, por la cual él no se rebeló contra ellos y por la cual eligió la educación en lugar de vagar por las calles del sur centro de Los Ángeles.

Jaime dice que siempre supo muy en el fondo que sus padres hicieron todo por una razón, él sabía que no tenían malas intenciones, "sabía que no me pedirían que hiciera algo si no creían que iba a valer la pena. Al final de cuentas, la línea de comunicación que establecieron conmigo desde muy joven me convenció de todo lo que me pidieron que hiciera".

Sin saberlo los padres de Jaime estaban usando la "comunicación" para establecer un fundamento que lo llevara poco a poco a buscar y crear oportunidades para un futuro mejor.

¿POR QUE LAS COSAS SON COMO SON?

"Mamá, ¿cómo puede vivir la gente de esta manera? ¿Qué hicieron para vivir así? ¿Por qué nosotros no vivimos así ? ¿Por qué nuestra comunidad se ve muy diferente? "Estas eran las preguntas Jaime le hacía a su madre mientras eran transportados por el autobús de la línea dos del "MTA" por "Sunset Blvd" en su rumbo a limpiar las casas y mansiones opulentas en el lado Oeste de Los Ángeles cerca de la UCLA.

La madre de Jaime intentaba explicarle, de la mejor manera que ella sabía, que sus jefes eran ricos, educados, y tenían carreras que les pagaban los ingresos suficientes para vivir de la manera que lo hacían. Nada de esto tenía sentido para Jaime en ese momento. Él recuerda preguntarse a sí mismo, "Bueno, si ellos ganan dinero para poder vivir así ¿cómo es que nosotros no podemos ganar igual de dinero para vivir así también?" Ahora como adulto todo ha cobrado sentido.

Observando a su madre fregar suelos, limpiar baños, lavar ropa, y planchar para las familias adineradas, le enseñaron a Jaime a apreciar y valorar el trabajo manual y también el poder de la educación. Las familias para las que la madre de Jaime trabajaba contaban con personas que eran abogados, médicos, profesores, contadores, empresarios y empresarias, por nombrar algunos. Habían asistido a la universidad y ahora eran profesionales con buenas carreras de trabajo. Habían adquirido, creado, o tal vez en algunos casos heredado el capital social y financiero necesario para vivir en estas comunidades y contratar a la madre de Jaime como ama de llaves. La exposición de Jaime a este mundo a tan temprana edad permitió que la semilla de sus sueños fuera plantada.

¿Qué significo esto para Jaime y su madre?

¿Cómo serviría CLASE de modelo para motivar a Jaime a tener éxito dentro y fuera de la escuela, para crear oportunidades futuras similares a las que estaba presenciando con sus propios ojos?

La comunicación que los padres de Jaime establecieron permitió comprender y aceptar porque tenía que ir con su madre a limpiar casas de gente rica.

A partir de 1992, Jaime viajaría con su madre por "limusina pública" (el autobús público) por todo el condado de Los Ángeles, para ayudarle a limpiar casas.

Jaime recuerda llegar a limpiar algunas casas cuando los dueños no estaba presentes. El afirma que, "Esas eran las mejores casas para limpiar, ya que no había nadie, sólo mi madre y yo. Los propietarios dejaban las llaves debajo del tapate junto con el dinero que mi madre solía cobrarles, de 60 a 80 dólares. "¡Tan pronto entrabamos, era hora de jugar!".

Sin saberlo, la madre de Jaime le mostraba de primera mano el concepto de "Liderazgo". Liderazgo, además de significar padres que nunca han tenido papeles de liderazgo. Por ejemplo, asistiendo a eventos para padres en la escuela de sus hijos, también significa tomar la iniciativa de mostrar a sus hijos lo duro que trabajan para ellos. Así se enseñan la motivación, y así se intercambian y experimentan entre padres e hijos.

La madre de Jaime le estaba mostrando liderazgo de primera

mano al llevarlo con ella a limpiar casas. Ella lo estaba guiando con su ejemplo e inculcándole la ética del trabajo duro, aunque fuera un trabajo manual. Jaime se dio cuenta de lo que implica ganarse el dinero con el sudor de la frente. Esto le hizo apreciar todas las cosas que su madre hizo por él y sus hermanos. Ninguna tarea sería demasiado difícil en comparación con en el sacrificio que su madre estaba haciendo por él. Observar a sus padres trabajar tan duro para ganarse la vida inspiró Jaime a educarse y mejorar su vida y la de su futura familia.

Al ser líderes, los padres de Jaime inculcaron en él y sus hermanos la importancia de la educación. Un líder, guía sin esperar nada a cambio. Los padres de Jaime le enseñaron que obtener una educación es vital, no para que se encargaran de ellos en el futuro, sino para que sus hijos tuvieran mejores oportunidades para su propio futuro.

A veces los padres creen que no pueden crear la cultura de la asistencia a la universidad, no se dan cuenta de que fomentar esa mentalidad no requiere una educación universitaria.

CLASE es una de las muchas herramientas que los padres pueden usar en casa para cultivar una cultura universitaria dentro y fuera del aula. Compartimos nuestras experiencias, tanto triunfos como luchas, con los padres en este libro para que reflexionen en sus luchas, obstáculos, y triunfos con sus hijos.

Es importante enfocarse más en los aspectos positivos y aprender y crecer a partir de los negativos. Mantenerse centrado en los aspectos negativos no traerá nada bueno. Los padres nunca saben qué evento o qué momento transformará positivamente.

Para Jaime ese momento llegó en una casa en las hermosas colinas de la zona oeste de Los Ángeles, anidada entre Brentwood y Bel Air. Fue ahí que ocurriría algo que cambiaría su visión de la educación y de la vida para siempre.

Es una de las razones por las cuales él es el profesional joven que es hoy y que se ha dedicado al cultivo de una carrera en la que pueda ayudar y motivar a estudiantes como él y sus familias. Esta casa permitiría a su madre que le demostrara plenamente CLASE y se hicieran perfectos representantes del tema de este libro.

Preguntas para reflexionar:

1.) ¿Cuáles son algunas de las maneras en que sus historias personales de sacrificio pueden ayudar a preparar el camino para el futuro éxito de su hijo?

_____

_____

_____

_____

_____

_____

_____

_____

_____

_____

_____

2.) ¿Usted como padre practica los principios de Comunicación y Liderazgo con sus hijos? Si sí o si no, hay algo más que usted puede hacer para estar en condiciones de ejercer estos principios de manera más eficiente?

_____

_____

_____

_____

_____

_____

_____

_____

_____

_____

_____

3.) Por favor describa un momento, tanto en el ámbito escolar y en la vida el establecimiento donde haya exhibido los principios de Comunicación y Liderazgo con sus hijos. ¿Cómo respondieron sus hijos? ¿Como se sintió usted?

_____

_____

_____

_____

_____

_____

_____

_____

_____

_____

_____

_____

4.) En ocasiones puede ser que su hijo no desee comunicarse. ¿Qué puede hacer usted como padre para tratar de abrir las vías de comunicación entre usted y su hijo? ¿Qué estrategias han compartido los autores hasta ahora en el libro con las que usted pueda identificar y que podría utilizar con sus hijos?

_____

_____

_____

_____

_____

_____

_____

_____

_____

_____

_____

8
El Lado Oeste

No puede existir el progreso sin primero haber luchado por el éxito
-Anónimo

"Mijo levántese y cámbiese porque vas a venir conmigo hoy. Conocí a esta mujer en el salón de belleza la semana pasada, una señora blanca, muy buena persona. Estaba buscando a alguien que le limpiara la casa. Le dije que yo lo podía hacer. Se acaba de mudar de algún lugar en Boston y está buscando un ama de llaves. Quiere ver cómo trabajo y quién sabe, tal vez si le gusta mi trabajo, puedo añadir esa casa en mi calendario para todos los lunes".

Este fue el mensaje que la mamá de Jaime le dio en la fresca mañana de un lunes, cuando él tenía nueve años de edad.

En ese momento Jaime no pensó mucho acerca de esto, lo único que le pasó por la mente fue, "Diablos, otra casa de gente rica y presumida, bueno, por lo menos me tocará una hamburguesa del McDonald's cuando terminemos de limpiar." recuerda Jaime.

Y fue así que comenzó la jornada de todos los lunes por la mañana, cuando Jaime no tenía clases: viajar desde el sur centro de Los Ángeles a esta hermosa casa. Sin embargo, este no era una casa ordinaria. Estaba localizada en un barrio hermoso y elegante junto a la UCLA entre Bel Air, Beverly Hills, y Brentwood. La mujer, a la cual su madre se seguía refiriendo como "la dama" y cuyo nombre, como Jaime descubriría más tarde, era señora Hecker, se había mudado recientemente de Boston, Massachusetts con su marido y su hijo.

La Sra. Hecker entró en el opulento salón de belleza en el que la madre de Jaime trabajaba cerca de Rodeo Drive en Beverly Hills y conectó de inmediato con ella. La Sra. Hecker no hablaba español. La madre de Jaime no hablaba inglés. ¿Cómo fue entonces que conectaron? Hasta hoy en día Jaime no puede comprender. A pesar de que la madre de Jaime no hablaba inglés y que como ama de llaves tenía que comunicarse constantemente con los clientes, todos ellos la querían mucho. La conexión social y emocional entre la madre de Jaime y los clientes era más fuerte que cualquier barrera idiomática.

En un par de semanas Jaime y su madre se encontrarían en la hermosa casa de la señora Hecker, comenzando una jornada que serviría como el momento transformador para alimentar las futuras aspiraciones de Jaime y que también serviría como la etapa en que su madre tendría la habilidad de demostrarle de primera mano, apoyo, sensibilidad, y emoción al joven Jaime.

Aunque al principio a Jaime le daba vergüenza y no le gustaba ir con su madre a limpiar la casa de la señora Hecker, después le fue gustando más y más por los beneficios que esto le traía. Cada viaje le dejaba a su madre una cantidad adicional de $20 - $30, además de su salario diario. La Sra. Hecker le pidió a la mamá de Jaime que le diera ese dinero a él como su pago por ayudarle a su madre. Ella valora su ayuda. La madre de Jaime, demostrando el "Apoyo" que ella estaba dispuesta a darle, continuó llevándolo con ella cuando se dio cuenta de la conexión que se comenzaba a formar entre él y la señora Hecker.

"Sra. Hecker estamos aquí al pie de la colina, puede usted por favor venir a recogernos." Jaime recuerda haberle dicho a la señora Hecker cuando la llamó desde el teléfono público cerca de la parada de autobús. Muy pronto Jaime y su madre veían a la señora Hecker conducir por la colina en su Mercedes Benz negro. "Está aquí," la madre de Jaime diría. Efectivamente la señora Hecker llegaba justo hasta donde estaban ellos y Jaime saltaba en el asiento delantero mientras que su madre se subía al asiento trasero.

"Sra. Hecker que es lo que está escuchando" Jaime recuerda haberle preguntado. "Oh es la Radio Pública Nacional (NPR, por sus siglas en inglés)" La señora Hecker le contesto. "¿Qué es eso, nunca he escuchado hablar de ella." La señora Hecker respondía, "¿Oh sabes? hablan de noticias, el mundo, la política, ya sabes, cosas que a nosotros los ancianos nos interesan." Jaime entonces le dijo "Ah muy bien, puedo cambiarle a Poder 106? "Poder 106 es la estación de hip-hop local en Los Ángeles. "Claro Jaime, ¿en qué estación esta?" la señora Hecker respondió. "Es FM 105.9, gracias". Esta conversación fue una de las muchas que Jaime tendría con la señora Hecker en el camino a su casa.

Jaime y la señora Hecker tendrían conversaciones interesantes acerca de la universidad y de carreras profesionales, mientras iban en coche, de la parada de autobús a la cima de la colina.

La madre de Jaime siempre reiteró la importancia que la educación había jugado en la vida la señora Hecker. Ella siempre le proporcionó "Apoyo" durante los altibajos emocionales de su infancia.

La habilidad de la madre de Jaime para demostrar "sensibilidad", le permitió tener una mente abierta cuando Jaime hacía tantas preguntas sobre la vida y la universidad a la señora Hecker. Las mentes de los niños están en constante crecimiento y por eso preguntan, para satisfacer su curiosidad. Esto no fue diferente en la infancia de Jaime.

El "apoyo" y la "sensibilidad" fueron muy importantes durante esta época en la vida de Jaime, ya que era importante que su madre no fuera crítica o negativa acerca de lo que le pasaba en esos momentos por la mente a Jaime.

Está bien el no saber algo, está bien el no saber cómo responder a algo, pero lo que no está bien es dejar que esto aplaste los sueños de los niños.

Padres: no aplasten los sueños de sus hijos no importa cuán escandalosos parezcan en el momento, siempre y cuando sean positivos. Una mente curiosa es una mente buena en cualquier niño.

Conforme, Jaime y su madre continuaron regresando a la casa de la señora Hecker, él aprendió más acerca sí mismo y de sus metas futuras.

La "emoción" que el observaría en el rostro de su madre mientras ella batallaba corriendo de casa en casa, y a veces hiendo con su madre de la casa de señora Hecker a otra casa para así limpiar dos casas en total en un solo día, le enseñó la importancia de trabajar con su mente y no su cuerpo.

Era muy frustrante para Jaime ver eso ya pasar por esa experiencia y sentirse tan impotente.

Nuestras familias son grandiosas y en muchos casos están acostumbradas a trabajar con sus manos. Este es el único tipo de trabajo que muchos padres han conocido toda su vida. No hay razón para avergonzarse de ello. El padre de Jaime comenzó a trabajar con sus manos a la edad de cinco años, cultivando campos de café, y continuó haciéndolo cuando él emigró a los Estados Unidos para trabajar, sin ser dueño de nada más que la ropa que llevaba puesta y los zapatos en sus pies, buscando vida.

Jaime prontamente tomó esa la emoción que su madre le mostraría y la transformó en su fuerza de motivación.

Desde pequeño tomó la decisión de no dejar que el sacrificio que sus padres haya sido en vano.

Hoy en día, Jaime está agradecido por las experiencias que su madre le enseñó durante esas aventuras en la casa de la Sra. Hecker.

El modelo CLASE, inconscientemente practicado por su madre, le permitió comprender el valor del trabajo arduo, el compromiso y la dedicación necesaria para la creación de vías para el crecimiento futuro. Su madre había alcanzado su potencial, pero ahora le tocaría a Jaime crear un plan para alcanzar el suyo.

Preguntas para reflexionar:

1.) ¿Cómo puede usted, como padre, crear una cultura de "asistir a la universidad" en casa a pesar de que usted podría no haber asistido a la universidad?

_____

_____

_____

_____

_____

_____

_____

_____

_____

_____

2.) ¿Cuáles son algunas de las maneras en que usted puede reiterar a sus hijos la importancia de tener una educación a fin de que tengan éxito?

_____

_____

_____

_____

_____

_____

_____

_____

_____

_____

_____

3.) ¿Qué lecciones quiere que sus hijos tomen de los sacrificios que usted ha hecho para estar donde estás ahora?

_____

_____

_____

_____

_____

_____

_____

_____

_____

_____

9
Los Padres De Familia y La Universidad

La educación es el arma más importante que puedes
usar para cambiar el mundo.
-Nelson Mandela

El poder de la educación es invaluable. La educación es una herramienta que ha permitido a generaciones de personas en los Estados Unidos alcanzar el éxito. Hay muchas historias de personas que fueron criadas sin tener nada y ahora tienen los medios para mantener a sus familias y mantener una carrera exitosa. ¿Cómo lo hacen? Usted puede preguntarse. ¿Cómo puede mi hijo lograr esto? La educación es la mejor herramienta para jóvenes de bajos ingresos de primera generación para lograr movilidad social. Este ha sido el caso tanto para Víctor como de Jaime además de muchas de las personas con las que han trabajado a lo largo de los años.

Víctor y Jaime usaron la educación como su vehículo para salir de una vida de pobreza y violencia en Oakland y el sur centro de Los Ángeles. Ambas comunidades ayudaron a moldear a Víctor y Jaime en los hombres que son hoy. La educación les ha abierto puertas por las que nunca habrían pensado cruzar. Les ha permitido iniciar sus carreras y les ha dado la oportunidad de proporcionar mejores oportunidades para sus familias. La educación alimenta su sentido de deber cívico que les hace volver a las comunidades que los formaron en los hombres que son hoy y buscar cómo ayudarlas.

Con la educación vienen mejores oportunidades de vida y por lo tanto un mejor futuro. La educación no garantiza un futuro mejor, pero permite crear mejores oportunidades de vida, que a su vez dan lugar a un futuro mejor.

Víctor y Jaime estaban "buscando vida" como niños porque sus padres nunca llegaron más allá de la escuela primaria en México y Guatemala, vivían en la pobreza, y hacían lo mejor que podían para sacar a sus familias adelante.

Raquel, La madre de Víctor se instaló en un apartamento dilapidado en Oakland, CA, mientras que los padres de Jaime se establecieron en una casa en el sur centro de Los Ángeles, California en una época donde la violencia y los disparos eran pan diario. La educación a finales de los 80 y durante la década de los 90 en California era diferente de lo que es hoy.

Sus padres les aconsejaron a no meterse en problemas y trabajar duro para llegar a ser alguien en la vida. ¿Pero es suficiente "trabajar duro" para ofrecer mejores oportunidades de vida y su futuro? ¿Qué es lo que quieren decir con "ser alguien en la vida"?

Víctor y Jaime vieron a sus padres trabajar muy duro a través de mano de obra. ¿Es eso lo que sus padres tenían en mente? ¿O quisieron decir convertirse en alguien mejor ellos? ¿O fue otra cosa la que quisieron decir?

Cuando se trataba de hablar con sus hijos acerca de la educación, el tema se tornaba un poco confuso en la mente de ellos. Con muy limitado conocimiento de la educación, sus padres dejaron el resultado del futuro de sus niños, dentro y fuera del aula, a la "suerte" o el "destino".

Mientras que Jaime y Víctor fueron algunos de los afortunados, como padres, ustedes deben hacerse cargo de la educación de sus hijos para que no tengan que depender de la suerte por sí sola para tener éxito. Desafiamos a los padres a hacer esto. El éxito educativo de sus hijos es una travesía en la que deben viajar juntos padres e hijos.

¿Cómo pueden los padres ayudar en el viaje educativo de sus hijos? ¿Cómo cree usted que los consejos y sugerencias que presentamos en este libro le pueden ayudar? Lo que sigue a continuación son consejos y estrategias acerca de lo que es la universidad. ¿Por qué es importante que los padres aprendan más acerca de la universidad, cómo llegar a estar más en sintonía con el tema de la universidad dentro de su hogar, y en última instancia, cómo perfeccionar y desarrollar su capacidad para adaptarse y la de sus hijos de manera que su familia pueda continuar "buscando vida". Al final del día, ambos, padres e hijos están usando la idea de "buscando vida" para encontrar el éxito.

Preguntas para reflexionar:

1.) ¿Cuáles herramientas tiene usted para ayudar a sus hijos alcanzar el éxito con la educación?

_____

_____

_____

_____

_____

_____

_____

_____

_____

_____

_____

2.) ¿Cómo puede usted usar sus comunidades para apoyar a sus hijos lograr la meta de entrar a la sistema de la universidad?

_____

_____

_____

_____

_____

_____

_____

_____

_____

_____

_____

3.) ¿Qué significa para usted ser buen trabajador? ¿Cómo pueden enseñar a sus hijos a ser buenos trabajadores en la escuela?

_____

_____

_____

_____

_____

_____

_____

_____

_____

_____

4.) ¿Cómo se siente que se perciben en la sociedad? ¿Qué cambiarías?

_____

_____

_____

_____

_____

_____

_____

_____

_____

_____

_____

_____

10
Soñador y Luchador

Cuando has trabajado duro, y te ha ido bien, y has caminado por la puerta de la oportunidad. No debes cerrar la puerta de tras de ti. Debes de sostenerla abierta para que los que vienen detrás de ti las mismas oportunidades de alcanzar el éxito que tuviste tú.
-Michelle Obama

"¿Por qué están aquí hoy?", Jaime les pregunta a un grupo de padres en una fría mañana de un viernes, en "Mendocino College" en la ciudad agrícola de Mendocino, California, a unas 125 millas al norte de San Francisco. "¿Vinieron por la comida gratis? ¿Vinieron a pasar el rato? ¿O vinieron porque oyeron que el que iba a estar aquí era un comediante?"

Los padres están asistiendo a una conferencia preuniversitaria para aprender estrategias probadas y motivarse a crear en casa la cultura de asistencia a la universidad. El Programa de Educación Migrante de California contrató a Jaime para que dicte los talleres a los padres asistentes.

Al ir terminando Jaime su discurso de apertura, una madre en la audiencia alza la mano y dice: "Vinimos aquí para saber cómo podemos ayudar a nuestros hijos en la escuela. Estamos cansados de ver que nuestros hijos no tengan éxito. Queremos que haya más latinos educados en este país". Él mira alrededor de la sala y ve a un cuarto lleno de padres listos para aprender y emocionados por lo que aprenderán durante el día. Jaime piensa por un segundo en el comentario hecho por esta madre.

Él responde: "Oh eso está muy bien, yo aprecio y respeto eso, valoro que cada uno de ustedes se tomó el tiempo para asistir a esta conferencia, sin embargo, esta habitación debería estar llena con padres de familia el día de hoy, debería haber filas de padres que llegaran hasta afuera de esa puerta, queriendo aprender acerca de lo que acaba usted de decir".

La participación de los padres es un factor importante si un estudiante sobresale en el salón de clase o no. Desafiamos a los padres que lean este libro a asistir a todas las reuniones de la escuela de sus hijos. Incluso si a su hijo ya le está yendo muy bien en la escuela. Si a su hijo no le está yendo muy bien en la escuela por favor haga un mayor esfuerzo para asistir, hacer preguntas, y ver cómo la escuela puede proporcionarle recursos adicionales que su hijo pueda necesitar.

¿Por qué recomendamos esto? Quizás se pregunten. Porque creemos de todo corazón que la diferencia entre un gran estudiante y uno mediocre es el compromiso de los padres, o bien la falta de este.

Con el correr de los años hemos viajado por todo el país y hemos visto de primera mano los resultados de la participación de los padres, o la falta de esta. El esquema que hemos desarrollado es una pirámide que demuestra la importancia, su papel y su valor, en la fórmula educativa, similar a la famosa pirámide del éxito creada por el ahora ya fallecido John Wooden.

En su recorrido, Jaime y Víctor hablan con los padres sobre la importancia de su participación en la jornada educativa de sus hijos. Es un tema que les debe interesar a todos los padres en Estados Unidos, en especial a los padres de estudiantes de primera generación y de bajos ingresos. Jaime inicia la sesión inmediatamente, ya a sabiendas cuáles serán las próximas respuestas. Le pregunta a la multitud de madres y padres, predominantemente de hispanohablantes: "¿Cuántos de ustedes quieren que sus hijos se gradúen de la preparatoria, vayan a la universidad, se gradúen, y tengan buenas carreras después de graduarse?" Todos los presentes alzan la mano inmediatamente. Jaime piensa a sí mismo, "¡Ah, los caché!", porque esta siempre es la respuesta unánime de los padres en todos y cada uno de las conferencias familiares que el da.

Padres: hay una diferencia entre querer algo en la vida y en realidad hacer algo al respecto para conseguir que ese deseo se haga realidad. Nos enfocaremos en el aspecto educativo de esta ideología.

El profesor Ríos le llama a esto, "la diferencia entre un soñador y un luchador". Un soñador, tiene visiones de cosas, metas, deseos, en sí, los resultados que quiere en la vida, ¡pero en cierto punto eso es en lo que se quedaran, en sueños! Permiten que los obstáculos, influencias y la vida en general, ponga sus sueños en espera o que simplemente los desaparezca. Un luchador, sueña con cosas, metas, deseos, los resultados que quiere en la vida y se dedica a adquirir las herramientas necesarias para alcanzarlos y se rodea de personas que les ayuden a convertir estos sueños en realidad.

¡Padres, todos queremos que se conviertan en luchadores y los desafiamos a que comiencen a transformarse en luchadores a partir del día de hoy!

Después de hacer la pregunta, Jaime mira a la multitud y dice, "Esa es la misma respuesta que recibo por todas partes cuando voy hablar con los padres. Ahora déjenme hacerles otra pregunta. Todos quieren que sus hijos vayan a la universidad y se gradúen, pero, ¿cuántos de ustedes aquí esta mañana sabían cuántos colegios comunitarios y universidades (públicas o privadas) hay en el estado de California, que ofrecen programas de cuatro años de duración?" Todas las manos bajan, la sala llena de silencio, y los padres se miran unos a otros, confundidos. Jaime responde, "¡Exactamente! Ese es el problema. Muchos de los padres, incluyendo todos los que están en esta sala, quieren que sus hijos asistan a la universidad; sin embargo, no se han tomado el tiempo para aprender un concepto básico de cuantos campus universitarios hay en el estado de California."

¿Por qué pasa esto padres? ¿No quieren saber cuáles son las opciones educativas que sus hijos tendrán después de la preparatoria? ¿Es esta la responsabilidad exclusiva de ellos o pueden ustedes ayudarles y acompañarlos en esta jornada?

"Padres, es vital aprender este concepto para iniciar una conversación con sus hijos acerca de sus deseos en la vida. Es de vital importancia tener esta conversación con el fin de plantar o alimentar la semilla de la universidad en el pensamiento de sus hijos.

Jaime continúa, "Pero por eso es que todos ustedes están aquí hoy, para aprender. Voy a hacer todo lo posible para que cuando salgan de aquí hoy, se vayan con información concreta acerca de cómo y porque es importante que ustedes se involucren activamente en la jornada educativa de sus hijos. Padres, ¿cuántos de ustedes leyendo este libro saben cuántos campus universitarios existen dentro de su estado? ¿Por qué es importante conocer esta información?".

4 sistemas de educación Superior en California 2016-2017	*# de campus de cada tipo*
Universidades Técnicas de la Comunidad	113
Universidades y Colegios Privados	95
Universidad del Estado de California (CSU)	23
Universidad de California (UC)	10

El cuadro anterior es un esquema del panorama de la educación superior en el estado de California. California para el año fiscal 2016-2017 tiene en total 241 campus universitarios.

¡Hay opciones para sus hijos en todos los estados en el país! Los retamos a que hagan un listado similar con las opciones universitarias que se ofrece en su estado. Usted tendrá que enfocarse en tres tipos diferentes de instituciones para llevar a cabo este proyecto: los colegios comunitarios, universidades/colegios estatales y universidades/colegios privados. ¿Cuántos hay en su estado? Puede acceder a esta información a través de cualquier motor de búsqueda de Internet, como Google, Yahoo!, Bing, etc. Una vez que tenga esta información usted puede comenzar un diálogo con sus hijos sobre la universidad. Por ejemplo:

Escenario 1: El estudiante no sabe cuáles son sus planes después de la preparatoria

Padres: ¿Qué vas a hacer después de la prepa? ¿Has pensado en tus opciones? Te vas a graduar en dos años.

Estudiante: No sé todavía. Tal vez trabajar, ir a un colegio comunitario, o tal vez a la universidad, no lo sé. Tengo que hablar con mi consejero todavía. Lo haré cuando llegue el momento.

Padres: Realmente quiero que vayas a la universidad. ¿Sabes qué opciones tienes después de la preparatoria?

Estudiante: Bueno, tenemos el colegio comunitario aquí en la ciudad y está también la escuela estatal pública.

Padres: He aprendido un par de cosas recientemente yendo a estas reuniones de padres, y aprendí que hay 241 campus universitarios aquí en California. Hay 113 colegios comunitarios. ¿Por qué no nos sentamos y visitamos algunos sitios de internet el próximo fin de semana.

Estudiante: ¿En serio? ¿Como sabes eso? ¿Para que aprendiste esa información?

En esta situación, el estudiante tiene muy poco conocimiento, o interés en hacer planes para después de que termine la preparatoria. Sorprendentemente el padre puede hacer una conexión con algo tan simple como saber el número de escuelas, es decir opciones, que el/la estudiante tiene para después de la preparatoria. Padres, sus hijos sentirán de inmediato una sensación de conexión y a veces se sorprenderán de que usted haya adquirido este conocimiento. Este es un paso simple para comenzar a cultivar una cultura universitaria con sus hijos, en casa.

Es más, ¡estas conversaciones no tienen que esperar hasta que sus hijos lleguen a la preparatoria! Estas conversaciones deben comenzar a temprana edad para que la semilla de la universidad sea plantada en la mente de sus hijos desde la niñez.

¿Y si mi hijo ya sabe que quiere ir a la universidad, qué hago entonces?

Escenario 2: El estudiante quiere ir a la universidad después de la preparatoria y está decidido a lograrlo

Padres: ¿Qué vas a hacer después de la escuela? ¿Has pensado en sus opciones? Te vas a graduar de la prepa en dos años?

Estudiante: Sí, voy a ir a la universidad. Hablé con mi consejero y me informo que soy elegible para aplicar a las escuelas CSU y las UC (escuelas estatales) y también a algunas instituciones privadas. Voy a estudiar Ingeniería Mecánica.

Padres: ¡Es muy bueno escuchar eso! Estamos aquí para ayudarte con cualquier cosa que necesites. Fuimos a una conferencia y aprendimos que hay un montón de opciones para ti aquí en California, si decides quedarte a estudiar en el estado. De hecho, hay 241 instituciones de educación superior. Y ya que mencionas que consejero te dijo que eres elegible para aplicar a las escuelas de los sistemas CSU y UC, al igual que algunas instituciones privadas, me enteré de que tenemos 23 de la CSU, 10 de la UC y 95 instituciones privadas. ¿Por qué no nos sentamos y vemos a cuales de estas escuelas te interesa? Podemos visitar las que están más cerca los fines de semana y tal vez durante mi tiempo de vacaciones, y si puedo ahorrar algo de dinero podemos hacer una excursión de un día o dos a los campus que están a una distancia de hasta un día de manejo.

Estudiante: ¿En serio? ¿Como saben esto? Supongo que sí han aprendido algo por ir a esas reuniones. Sí, vamos a sentarnos y hablar acerca de dónde me interesa estudiar y me alegro de que me apoyen salir del estado a estudiar si eso es lo que decido hacer.

En esta situación, el estudiante tiene la voluntad y el conocimiento para ir a la universidad después de la preparatoria. Ya ha llevado a cabo el trabajo preliminar para aprender a cuales de los campus califica. El interés y el trabajo de los padres de familia en este escenario sirven como un complemento al de los estudiantes ya determinados. Padres, esta es la situación en que algunos de ustedes se encuentra en la actualidad. Sin embargo, lo que Víctor y Jaime han visto en este tipo de escenarios es ver a los padres dar un paso atrás. Asumiendo que, dado que sus hijos/as ya quieren ir a la universidad, los dejan hacer el trabajo ellos solos. Esta no es la respuesta correcta. Ustedes que se encentren en esta situación también pueden unirse a su hijo/a en esta jornada.

Después de que Jaime explica este concepto a los padres que asistieron a la conferencia en el Mendocino College, un padre se levanta y levanta la mano y dice, "Nunca había pensado acerca de esto de esta manera, pero tiene sentido que tengamos que involucrarnos y aprender los conceptos básicos sobre el proceso universitario. Sí, trabajamos muchas horas; yo trabajo en los campos, pero sí tenemos tiempo para los partidos de fútbol los fines de semana y la telenovela cada noche, hay que tomar un poco de ese tiempo e invertirlo en el aprendizaje para que podamos tener estas conversaciones con nuestros hijos. Es la única manera que las cosas van a cambiar".

Preguntas para reflexionar:

1.) ¿Cuáles oportunidades tienen para participar en la educación de sus hijos?

_____

_____

_____

_____

_____

_____

_____

_____

_____

_____

2.) ¿Cómo pueden empezar el diálogo con sus hijos sobre la educación universitaria?

_____

_____

_____

_____

_____

_____

_____

_____

_____

_____

_____

3.) ¿Existe una situación en dónde han tenido que luchar por sus sueños? ¿Cómo pueden usar esa experiencia para animar y motivar a sus hijos a ser luchadores?

_____

_____

_____

_____

_____

_____

_____

_____

_____

_____

_____

Padres, los animamos a que sigan enseñándoles a sus hijos las lecciones de vida que vienen de su familia y de su cultura. Además les instamos a participar en la educación de sus hijos asistiendo a las reuniones de padres en la escuela, estando al pendiente de las tareas de sus hijos—aunque a veces no las entiendan, y a que hablen con sus maestros acerca de los sueños que tienen para con sus hijos. Estas estrategias ayudarán a formar a su hijo en un estudiante que se esfuerza para tener éxito, alguien que no sólo sobrevive, sino también prospera; un niño que va a volver a casa un día a darles las gracias por hacer de su vida un éxito.

Made in the USA
Middletown, DE
04 March 2019